여행자 메모

여권번호 Passport No.	
비자번호 Visa No.	
항공권번호 Air Ticket No.	
항공권편명 Flight Name	
신용카드번호 Credit Card No.	
여행자수표번호 Traveler's Check No.	
해외여행보험번호 T.A. No.	
항공권 예약	Day : Time : Flight Name : 담당자 :

여행 전에 알아두면 좋은 말

안녕하세요〈아침〉
오하요- 고자이마스
おはようございます

안녕하세요〈오후/저녁〉
곤니찌와 / 곰방와
こんにちは/こんばんは

처음 뵙겠습니다
하지메마시떼
はじめまして

안녕히 계십시오
사요-나라
さようなら

고마워요
아리가또-
ありがとう

급할 때는 손가락으로 콕 집어주세요.

별말씀을요
도-이따시마시데
どういたしまして

미안합니다
스미마셍
すみません

실례합니다
시쯔레-시마스
しつれいします

예 / 아니오
하이 / 이-에
はい / いいえ

얼마입니까?
이꾸라 데스까?
いくらですか

쾌락은
우리를 자기 자신으로부터 떼어놓지만,
여행은
스스로에게 자신을 끌고 가는 하나의 고행이다.

− Albert Camus −

혼자 가도 당당한
왕초보 여행 일본어회화

**혼자 가도 당당한
왕초보 여행 일본어회화**

2012년 12월 20일 1쇄 발행
2014년 10월 25일 4쇄 발행

지은이 Enjc스터디
발행인 손건
마케팅 이언영
디자인 김선옥
제작 최승용
인쇄 선경프린테크

발행처 **LanCom** 랭컴
주소 서울시 영등포구 영신로 38길 17
등록번호 제 312-2006-00060호
전화 02) 2636-0895
팩스 02) 2636-0896
홈페이지 www.lancom.co.kr

ⓒ Enjc스터디 2012
ISBN 978-89-98469-02-3   13730

이 책의 저작권은 저자에게 있습니다. 저자와 출판사의 허락없이
내용의 일부를 인용하거나 발췌하는 것을 금합니다.

혼자가도 당당한

왕초보 여행 일본어 회화

Enjc 스터디 지음

LanCom
Language & Communication

이 책의 구성 및 특징

단체로 여행을 가면 현지 사정에 밝은 가이드가 안내와 통역을 해주기 때문에 말이 통하지 않아 생기는 불편함은 그다지 크지 않을 수 있습니다. 하지만, 일본인을 직접 만나 대화를 하거나 물건을 구입할 때 등의 경우에서는 회화가 절대적으로 필요하며 여행지에서의 자유로운 의사소통은 여행을 한층 즐겁고 보람차게 해줄 것입니다.

이 책은 언어 때문에 부담스러운 여행이 아니라 즐거운 여행이 되도록 도착 공항에서부터 안전하게 귀국할 때까지 그때그때 상황에 맞는 유용한 일본어 표현만을 엄선하였습니다. 상대방의 이야기를 듣고 천천히 그리고 확실하게 자기가 하고 싶은 말을 할 수 있도록 하였으며, 실제로 일본으로 여행을 떠날 때 이 책 한 권을 주머니에 넣고 출발하면 베스트 가이드가 될 것입니다.

이 책은 다음과 같은 특징으로 꾸며졌습니다.

휴대용 여행회화 다이어리

일본 현지에서 간편하게 가지고 다니면서 쉽게 꺼내 볼 수 있도록 한 손에 쏙 들어가는 사이즈로 만들었으며, 다이어리로도 활용이 가능합니다.

INTRODUCTION

간편하고 유용한 표현만을 엄선

일본어를 잘 하지 못하는 사람들이 해외로 여행이나 출장 등을 떠날 때 현지에서 유용하게 쓸 수 있도록 여행에서 가장 많이 쓰이는 간편한 표현만을 엄선하였습니다.

여행 스케줄에 맞춘 순서 배열

일본으로 여행을 떠나면 반드시 부딪치게 될 공항, 호텔, 식당, 교통, 관광, 쇼핑, 트러블에 이르는 7개의 주요 장면으로 구성하여 여행의 두려움을 없애도록 하였습니다.

찾아서 말하기 쉬운 맞쪽 편집

필요한 장면에 부딪치는 상황이 오면 즉석에서 찾아 바로 활용이 가능하도록 우리말을 먼저 두었으며, 보기 쉽도록 맞쪽으로 편집하였습니다.

왕초보자도 읽을 수 있도록 한글로 발음 표기

이 책은 일본어를 전혀 못하더라도 한글로 읽기 쉽게 우리말 밑에 크게 일본어 발음을 달아두었기 때문에 또박또박 발음만 잘 한다면 일본인들도 충분히 알아들을 수 있습니다.

차 례

Part 1 공항

- 입국심사 **26**
- 세관검사 **28**
- 공항안내소 **30**
- 시내로 이동 **32**

Part 2 호텔

- 호텔 예약 **36**
- 체크인 **40**
- 룸서비스 **46**
- 호텔 시설 이용 **50**
- 외출 **52**
- 호텔에서의 트러블 **54**
- 체크아웃 **58**

CONTENTS

Part 3 식당

식당 찾기	64
식당 예약	66
식당 입구	68
식사 메뉴	70
음식 주문	72
식사를 하면서	76
식사를 마칠 때	78
술집	80
식당에서의 트러블	82
식비 계산	84
카운터	86

Part 4 교통

길을 물을 때	90
길을 잃었을 때	94
택시	96
시내버스	100
시외버스	102
관광버스	104
지하철·전철	106

차 례

기차	**108**
비행기	**114**
렌터카	**116**

Part 5 관광

관광안내소	**124**
투어	**128**
관광지	**132**
관람	**134**
사진	**138**
유흥	**140**
골프 · 스키	**142**

Part 6 쇼핑

가게를 찾을 때	**146**
물건을 찾을 때	**150**
물건을 고를 때	**152**
색상	**154**
디자인	**156**

CONTENTS

사이즈 **158**
품질 **164**
면세점 **168**
계산 **170**
흥정 **172**
지불방법 **174**
포장·배송 **176**
반품·환불 **178**

Part 7 트러블

일본어 **184**
난처할 때 **186**
위급한 상황 **188**
분실 **192**
도난 **194**
교통사고 **196**
병원 **198**
약국 **204**

 **여행준비**

해외로 여행을 하려면 무엇보다 사전에 준비가 철저해야 한다. 출국에 앞서 가장 기본적인 준비는 여권 만들기(구여권) → 방문국의 비자취득(비자면제국가는 제외) → 각종 여행정보 수집 → 국제운전면허증 등 각종 증명서 만들기 → 출국 교통편 정하기 → 숙박 예약 → 환전 및 여행에 필요한 짐 챙기기 등이 있다. 물론 이러한 준비는 여행사를 통해서 간편하게 할 수 있다.

여권(passport)

여권은 외국 여행시 여행자의 신분과 국적을 증빙하고, 그 보호를 의뢰하는 문서로써 해당 기관 즉, 외무부 여권과 및 시청, 구청, 군청 등에서 발급받는다. 발급시의 구비서류는 다음과 같다.
① 여권 발급 신청서:1부
② 여권용 사진:2매(3.5×4.5cm 뒷배경은 하얀색)
③ 발급 비용

종류	유효기간	수수료	대 상
복수여권	10년	55,000원	만 18세 이상 희망자
	5년	47,000원	만 18세 이상 희망자
			만 8세 이상 ~ 만 18세 미만자
		15,000원	만 8세 미만자
			기간연장 재발급 해당자

	5년 미만	15,000원	국외여행허가대상자
			잔여 유효기간부여 재발급
단수여권	1년	20,000원	1회 여행만 가능
기재사항 변경		25,000원	동반 자녀 분리
			사증란 추가(1회)

④ 주민등록증이나 운전면허증
⑤ 병무 확인서(병역의무자에 한함)
- 여권 발급에 소요되는 기간은 5~7일이나 성수기에는 7~10일 정도가 걸린다.
- 외교통상부

주소 : 서울시 종로구 수송동 80번지 Korean Re
       대한재보험빌딩 4층
전화 : 영사과 확인창구
       (02) 720-0460 / (02) 2100-7500
전화 : 여권과 창구 (02) 2100-7593~4
전화 : 해외이주 창구
       (02) 2100-7578 / (02) 720-2728

비자(visa)

비자는 여행하고자 하는 국가 기관(대사관)에 의뢰하면 입국을 허가하는 공식 문서로써 방문국가가 결정되면 먼저 비자 필요여부를 확인해야 한다. 비자가 필요한 국가들 중에는 방문목적과

체류기간에 따라 요구하는 구비서류가 다른 경우가 있다. 비자에도 입국의 종류와 목적, 체류기간 등이 명시되어 있으며, 여권의 사증란에 스탬프나 스티커를 붙여 발급하게 된다.

짐을 꾸리기 전에 반드시 확인하자

여행 일정에 가장 중요한 일은 짐을 꾸리는 일이다. 대충 짐을 꾸렸다가는 여행지에서 낭패를 보기 십상이다. 여행지의 기후나 풍토에 대한 정보를 충분히 알아보고 의식주에 관한 준비를 하는 것이 꼭 필요하다.

여권과 항공권·현금·신용카드·필기도구와 운전면허증 및 각종 서류는 작은 가방에 넣어 별도로 소지하는 것이 좋다.

① 여권 : 사진이 있는 면을 복사해서 여권과 별도로 보관한다.
② 항공권 : 출국과 귀국날짜, 노선, 유효기간을 확인해 둔다.
③ 현지화폐 : 교통비 입장료 등의 소액
④ 여행자수표 : 현금과의 비율은 2:8정도

일본어 문자에 대하여

일본어 문자는 특이하게 한자(漢字), 히라가나(ひらがな), 가타카나(カタカナ)를 병용해서 사용한다. 히라가나와 가타카나를 합쳐서 「仮名文字(가나문자)」라고 하며 우리 한글처럼 표음문자이다.

1 | 히라가나

히라가나(ひらがな)는 한자의 일부분을 따거나 획을 간단히 하여 만들어진 문자로 헤이안(9세기경) 시대 궁정귀족의 여성들에 의해 쓰인 문자로 지금은 문장을 표기할 때 일반적으로 가장 많이 쓰이는 문자이다.

2 | 카타카나

카타카나(カタカナ)는 한자의 일부분을 따거나 획을 간단히 한 문자로 헤이안 시대부터 스님들이 불경의 강독을 들을 때 그 발음을 표기하기 위해 쓰인 문자로 지금은 외래어, 전보문, 의성어 등, 어려운 한자로 표기해야 할 동식물의 명칭이나 문장에서 특별히 강조할 때도 사용한다.

3 | 한자

漢字는 내각고시로 제정한 상용한자(常用漢字) 1945자를 사용하고 있다. 한자의 읽기는 음독(音

読)과 훈독(訓読)이 있으며, 우리와는 달리 읽는 방법이 다양하다. 또한 일부의 한자는 자획을 정리한 약자(新字体)를 사용하기 때문에 우리가 쓰는 정자(正字)로 표기하면 안 된다.

4 | 오십음도

가나문자를 행(行)과 단(段)으로 나누어 다섯 자씩 10행으로 배열한 것을 오십음도(五十音図)라고 한다.

あ	か	さ	た	な	は	ま	や	ら	わん
아	카	사	타	나	하	마	야	라	와 응
い	き	し	ち	に	ひ	み		り	
이	키	시	치	니	히	미		리	
う	く	す	つ	ぬ	ふ	む	ゆ	る	
우	쿠	스	츠	누	후	무	유	루	
え	け	せ	て	ね	へ	め		れ	
에	케	세	테	네	헤	메		레	
お	こ	そ	と	の	ほ	も	よ	ろ	を
오	코	소	토	노	호	모	요	로	오

ア	カ	サ	タ	ナ	ハ	マ	ヤ	ラ	ワ	ン
아	카	사	타	나	하	마	야	라	와	응
イ	キ	シ	チ	ニ	ヒ	ミ		リ		
이	키	시	치	니	히	미		리		
ウ	ク	ス	ツ	ヌ	フ	ム	ユ	ル		
우	쿠	스	츠	누	후	무	유	루		
エ	ケ	セ	テ	ネ	ヘ	メ		レ		
에	케	세	테	네	헤	메		레		
オ	コ	ソ	ト	ノ	ホ	モ	ヨ	ロ	ヲ	
오	코	소	토	노	호	모	요	로	오	

행(行) : 50음도에서 아래로 내려오는 다섯 글자를 말하며, か행이라고 하면 かきくけこ를 말한다.

단(段) : 50음도에서 옆으로 가는 글자를 말한다. あ단이라고 하면 あかさたなはまやらわ를 가리킨다.

꼭 알아두어야 할 중요한 표지

注意	[츄-이]	주의
開	[카이]	열림
閉	[헤이]	닫힘
危険	[키껭]	위험
さわるな	[사와루나]	만지지 마시오

***

東口	[히가시구찌]	동문(동쪽출구)
西口	[니시구찌]	서문(서쪽출구)
南口	[미나미구찌]	남문(남쪽출구)
北口	[키따구찌]	북문(북쪽출구)

***

非常口	[히죠-구찌]	비상구
入口	[이리구찌]	입구
出口	[데구찌]	출구

案内所	[안나이죠]	안내소
立入禁止	[타찌이리킨시]	출입금지
左側通行	[히다리가와 쓰-꼬-]	좌측통행
右側通行	[미기가와 쓰-꼬-]	우측통행

***

便所 / お手洗い 화장실
[벤죠 / 오떼아라이]

洗面所 / 化粧室 / トイレ
[셈멘죠 / 케쇼-시쯔 / 토이레]

男子/殿方	[단시 / 토노가따]	신사용
女子/婦人	[죠시 / 후징]	숙녀용

***

進入禁止	[신뉴-킨시]	진입금지
禁煙	[킹엥]	금연

満	[망]	꽉참
使用中	[시요-쮸-]	사용중
故障	[코쇼-]	고장

***

引	[히꾸]	당기시오
押	[오스]	누르시오 / 미시오
予約済	[요야꾸즈미]	예약되어 있음
止まれ	[토마레]	멈추시오

***

地下鉄	[치까떼쯔]	지하철
駅	[에끼]	역
空	[아끼]	비어 있음
ペンキ塗り立て	[펭끼누리타떼]	칠 주의

일본의 대중음식

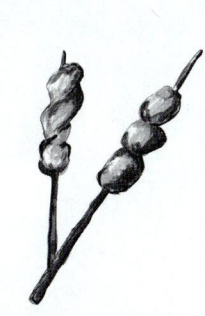

* **串カツ** [쿠시까쯔]
  잘게 썬 돼지고기와 파를 꼬치에 꿰어 튀긴 것
* **お好み焼き** [오꼬노미야끼] 부침개
* **ラーメン** [라-멩] 라면
* **刺身** [사시미] 생선회
* **しゃぶしゃぶ** [샤부샤부] 얇게 썬 쇠고기를 끓는 물에 데쳐 양념장을 찍어 먹는 냄비요리
* **そば/うどん** [소바 / 우동] 메밀국수 / 우동
* **すきやき** [스끼야끼] 전골(쇠고기나 돼지고기를 잘게 썰어 양념을 하고, 어패류나 버섯, 채소 따위를 섞어서 국물을 부어 끓인 음식
* **ヨセナベ** [요세나베] 모듬냄비(고기나 생선, 채소 등을 국수와 함께 끓이면서 먹는 요리)
* **寿司** [스시] 초밥
* **てんぷら** [템뿌라] 튀김
* **鉄板焼** [텝빤야끼] 철판구이
* **とんかつ** [통까쯔] 돈가스
* **焼き鳥** [야끼또리] 새꼬치구이

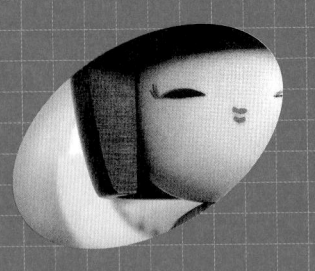

공항

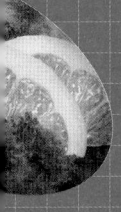

Part 1

입국심사

입국 목적은 무엇입니까?

뉴꼬꾸노 목떼끼와 난데스까?

관광입니다.

캉꼬데스.

며칠간 머무신가요?

난니찌깡노 타이자이데스까?

어디에 머무신가요?

도꼬니 타이자이시마스까?

다 됐습니다.

겍꼬데스.

 공항

にゅうこく もくてき なん
入国の目的は何ですか。

かんこう
観光です。

なんにちかん たいざい
何日間の滞在ですか。

たいざい
どこに滞在しますか。

けっこう
結構です。

세관검사

짐은 어디서 찾나요?

테니모쯔와 도꼬데 우께또리 마스까?

신고할 게 있나요?

싱꼬꾸스루 모노와 아리마스까?

내용물은 뭔가요?

나까미와 난데스까?

이건 뭔가요?

고레와 난데스까?

다른 짐은 있나요?

호까니 니모쯔와 아리마스까?

공항

手荷物はどこで受け取りますか。

申告するものはありますか。

中身は何ですか。

これは何ですか。

他に荷物はありますか。

공항안내소

관광안내소는 어디에 있나요?

캉꼬-안나이죠와 도꼬데스까?

매표소는 어디에 있나요?

깁뿌우리바와 도꼬데스까?

출구는 어딘가요?

데구찌와 도꼬데스까?

시내 호텔을 예약해 주세요.

시나이노 호떼루오 요야꾸시떼 구다사이.

시내지도를 주시겠습니까?

시나이치즈오 이따다께마셍까?

공항

観光案内所はどこですか。

切符売場はどこですか。

出口はどこですか。

市内のホテルを予約してください。

市内地図をいただけませんか。

시내로 이동

어디서 택시를 타나요?

도꼬데 타꾸시니 노레마스까?

지하철 노선도는 있나요?

치카테쯔노 로센즈와 아리마스까?

버스표는 어디서 사나요?

바스노 킵뿌와 도꼬데 가에마스까?

짐을 트렁크에 넣어 주세요.

니모쯔오 토랑꾸니 이레떼 구다사이.

시내로 가는 버스는 있나요?

시나이에 이꾸 바스와 아리마스까?

 공항

どこでタクシーに乗れますか。

地下鉄の路線図はありますか。

バスの切符はどこで
　買えますか。

荷物をトランクに入れて
　ください。

市内へ行くバスはありますか。

호텔

Part 2

호텔 예약

그 호텔은 어디에 있습니까?

소노 호떼루와 도꼬니 아리마스까?

공항까지 데리러 오는가요?

쿠-꼬-마데 무까에니 기떼
구레마스까?

예약을 하고 싶은데요.

요야꾸오 시따이노데스가.

숙박요금은 얼마입니까?

슈꾸하꾸료-낑와 오이꾸라
데스까?

요금에 아침식사는 포함되어 있나요?

료-낀니 쵸-쇼꾸와 후꾸마레떼
이마스까?

호텔

そのホテルはどこにありますか。

空港まで迎えに来てくれますか。

予約をしたいのですが。

宿泊料金はおいくらですか。

料金に朝食は含まれていますか。

호텔 예약

봉사료와 세금은 포함되어 있나요?

사-비스료-또 제-낑와 후꾸마레 떼 이마스까?

선불이 필요한가요?

마에낑와 히쯔요-데스까?

몇 박 하시겠습니까?

남빠꾸 나사이마스까?

더블 룸으로 주세요.

다부루루-무오 오네가이시마스.

체크인은 몇 시부터 할 수 있나요?

첵쿠잉와 난지까라 데끼마스까?

 호텔

サービス料と税金は含まれて いますか。

前金は必要ですか。

何泊なさいますか。

ダブルルームをお願いします。

チェックインは何時から できますか。

체크인

체크인 해 주세요.

첵꾸잉오 오네가이 시마스.

예약은 하셨습니까?

요야꾸와 사레떼 이마스까?

한국에서 했는데요.

캉꼬꾸데 시마시다.

아직 예약을 안 했는데요.

마다 요야꾸와 시떼 이마셍.

성함을 말씀하십시오.

오나마에오 도-조.

 호텔

チェックインをお願いします。

予約はされていますか。

韓国でしました。

まだ予約はしていません。

お名前をどうぞ。

> 체크인

조용한 방으로 주세요.

시즈까나 헤야오 오네가이 시마스.

전망이 좋은 방으로 주세요.

나가메노 이- 헤야오 오네가이 시마스.

방을 보여 주세요.

헤야오 미세떼 구다사이.

좀 더 좋은 방은 없나요?

못또 요이 헤야와 아리마셍까?

좀 더 큰 방으로 바꿔 주세요.

모- 스꼬시 오-끼- 헤야니 가에떼 구다사이.

호텔

静かな部屋をお願いします。

眺めのいい部屋をお願いします。

部屋を見せてください。

もっとよい部屋はありませんか。

もう少し大きい部屋にかえてください。

> 체크인

이 방으로 할게요.

고노 헤야니 시마스.

숙박카드에 작성해 주십시오.

슈꾸하꾸카-도니 고키뉴-쿠다사이.

이게 방 열쇠입니다.

고찌라가 헤야노 카기또 나리마스.

귀중품을 보관해 주시겠어요?

키쬬-힝오 아즈깟떼 모라에 마스까?

짐을 방까지 옮겨 주겠어요?

니모쯔오 헤야마데 하꼰데 구레마스까?

호텔

この部屋にします。

宿泊カードにご記入ください。

こちらが部屋のカギとなります。

貴重品を預かってもらえますか。

荷物を部屋まで運んでくれますか。

룸서비스

룸서비스를 부탁할게요.

루-무사-비스오 오네가이시마스.

<노크할 때 안에서> **누구십니까?**

도나따데스까?

잠시 기다리세요.

춋또 맛떼 구다사이.

들어오세요.

오하이리 구다사이.

세탁 서비스는 있습니까?

센따꾸노 사-비스와 아리마스까?

호텔

ルームサービスをお願いします。

どなたですか。

ちょっと待ってください。

お入りください。

洗濯のサービスはありますか。

룸서비스

모닝콜 좀 부탁할게요.

모-닝구코-루오 오네가이시마스.

아침식사를 부탁하고 싶은데요.

쵸-쇼꾸오 오네가이 시따이노 데스가.

한국으로 전화를 하고 싶은데요.

캉꼬꾸니 뎅와오 가께따이노 데스가.

마사지 좀 부탁할게요.

맛사-지오 오네가이시마스.

이건 팁입니다.

고레와 칩뿌데스.

 호텔

モーニングコールをお願いします。

朝食をお願いしたいのですが。

韓国に電話をかけたいのですが。

マッサージをお願いします。

これはチップです。

호텔 시설 이용

식당은 어디에 있나요?

쇼꾸도-와 도꼬데스까?

식당은 몇 시까지 하나요?

쇼꾸도-와 난지마데 아이떼 이마스까?

커피숍은 어디에 있나요?

코-히-숍뿌와 도꼬데스까?

레스토랑 예약해 주시겠어요?

레스또랑오 요야꾸시떼 이따다께 마스까?

이메일을 체크하고 싶은데요.

메-루오 첵꾸시따이노데스가.

 호텔

食堂はどこですか。

食堂は何時まで開いていますか。

コーヒーショップはどこですか。

レストランを予約していただけますか。

メールをチェックしたいのですが。

외출

방 열쇠 좀 보관해 주세요.

헤야노 카기오 아즈깟떼 구다사이.

택시를 불러 주세요.

타꾸시-오 욘데 구다사이.

방 번호를 잊어버렸는데요.

헤야방고-오 와스레떼
시마이마시다.

지금 바로 내 방 청소 좀 해 주세요.

이마 스구 와따시노 헤야오
소-지시떼 구다사이.

저에게 전화가 있었나요?

와따시니 뎅와가 아리마시다까?

호텔

部屋の鍵を預かってください。

タクシーを呼んでください。

部屋番号を忘れてしまいました。

今すぐわたしの部屋を掃除してください。

私に電話がありましたか。

호텔에서의 트러블

잠깐 방으로 와 주시겠어요?

춋또 기떼 모라에마셍까?

방 열쇠가 안 열리는데요.

도아노 카기가 아까나인데스.

방 전구가 나갔는데요.

헤야노 뎅뀨-가 기레따노데스가.

히터가 고장 났는데요.

히-따-가 고와레떼 이루노데스가.

옆방이 시끄러워서 잠을 잘 수 없네요.

도나리노 헤야가 우루사꾸떼 네무레마셍.

호텔

ちょっと来てもらえませんか。

ドアの鍵が開かないんです。

部屋の電球が切れたのですが。

ヒーターが壊れているのですが。

隣の部屋がうるさくて眠れません。

호텔에서의 트러블

방을 바꿔 주세요.

헤야오 가에떼 구다사이.

뜨거운 물이 안 나오는데요.

오유가 데나이노데스가.

빨리 고치러 오세요.

스구 슈-리니 기떼 구다사이.

방 청소가 아직 안 되었네요.

헤야가 마다 소-지사레떼 이마셍.

타월을 바꿔 주세요.

타오루오 도리까에떼 구다사이.

호텔

部屋を替えてください。

お湯が出ないのですが。

すぐ修理に来てください。

部屋がまだ掃除されていません。

タオルを取り替えてください。

체크아웃

체크아웃은 몇 시인가요?

첵꾸아우또 타이무와 난지데스까?

몇 시에 떠날 겁니까?

고습빠쯔와 난지데스까?

하룻밤 더 묵고 싶은데요.

모- 입빠꾸 시따이노데스가.

하루 일찍 떠나고 싶은데요.

이찌니찌 하야꾸 다찌따이노
데스가.

오후까지 방을 쓸 수 있나요?

고고마데 헤야오 쓰까에마스까?

 호텔

チェックアウトタイムは何時ですか。

ご出発は何時ですか。

もう一泊したいのですが。

一日早く発ちたいのですが。

午後まで部屋を使えますか。

체크아웃

체크아웃을 하고 싶은데요.

첵꾸아우또오 시따이노데스가.

맡긴 귀중품을 꺼내 주세요.

아즈께떼 오이따 기쬬힝오 다시떼 구다사이.

계산을 부탁합니다.

카이께-오 오네가이시마스.

전부 포함된 건가요?

젬부 꼬미데스까?

고마워요. 즐겁게 보냈습니다.

아리가또-.
 카이떼끼나 타이자이데시다.

호텔

チェックアウトをしたいのですが。

預けておいた貴重品を出してください。

会計をお願いします。

全部込みですか。

ありがとう。
快適な滞在でした。

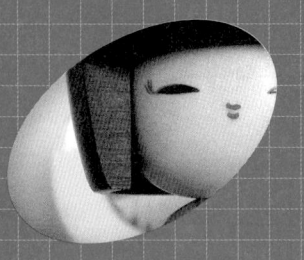

식당

Part 3

식당 찾기

가볍게 식사를 하고 싶은데요.

가루이 쇼꾸지오 시따이노데스.

이 도시에 한국 식당은 있나요?

고노 마찌니 캉꼬꾸 레스또랑와 아리마스까?

이 근처에 잘하는 식당은 없나요?

고노 치까꾸니 오이시- 레스또랑와 아리마셍까?

이 시간에 문을 연 가게는 있나요?

고노 지깐니 아이떼이루 미세와 아리마스까?

〈가이드북을 보여주며〉 이 가게는 어디에 있나요?

고노 미세와 도꼬니 아리마스까?

식당

軽い食事をしたいのです。

この町に韓国レストランはありますか。

この近くにおいしいレストランはありませんか。

この時間に開いている店はありますか。

この店はどこにありますか。

식당 예약

예약은 필요한가요?

요야꾸와 히쯔요-데스까?

오늘밤 자리를 예약하고 싶은데요.

곰방 세끼오 요야꾸 시따이노데스.

손님은 몇 분이십니까?

오캬꾸사마와 난닌데스까?

전원 같은 자리로 해 주세요.

젠잉 잇쇼노 세끼데 오네가이 시마스.

거기는 어떻게 갑니까?

소찌라에와 도-얏떼 이꾸노데스까?

식당

予約は必要ですか。

今晩、席を予約したいのです。

お客様は何人ですか。

全員いっしょの席でお願いします。

そちらへはどうやって行くのですか。

식당 입구

안녕하세요. 예약은 하셨습니까?

곰방와. 고요야꾸와 이따다이떼 이마스까?

예약은 안 했는데요.

요야꾸와 시떼 오리마셍.

몇 분이십니까?

남메-사마데스까?

안내해드릴 때까지 기다려 주십시오.

고안나이스루마데 오마찌 구다사이.

조용한 안쪽 자리로 주세요.

시즈까나 오꾸노 세끼니 오네가이 시마스

식당

こんばんは。ご予約は
いただいていますか。

予約はしておりません。

何名様ですか。

ご案内するまでお待ち
ください。

静かな奥の席にお願いします。

식사 메뉴

메뉴 좀 보여 주세요.

메뉴-오 미세떼 구다사이.

한국어판 메뉴는 있나요?

캉꼬꾸고노 메뉴-와 아리마스까?

메뉴 좀 알려 주세요.

메뉴-니 쓰이떼 오시에떼 구다사이.

무엇이 추천요리인가요?

나니가 오스스메데스까?

나중에 다시 오실래요?

마따 아또데 기떼 모라에마스까?

식당

メニューを見せてください。

韓国語のメニューはありますか。

メニューについて教えてください。

何がおすすめですか。

またあとで来てもらえますか。

음식 주문

주문하시겠습니까?

고츄-몽오 오우까가이 데끼마스까?

잠깐 기다려 주세요.

모- 춋또 맛떼 구다사이.

주문을 하고 싶은데요.

츄-몽오 시따이노데스가.

여기서 잘하는 요리는 무엇인가요?

고꼬노 지만료-리와 난데스까?

오늘 특별 요리는 있나요?

혼지쯔노 토꾸베쯔료-리와 아리마스까?

식당

ご注文をおうかがいできますか。

もうちょっと待ってください。

注文をしたいのですが。

ここの自慢料理は何ですか。

本日の特別料理はありますか。

음식 주문

이것과 이것으로 주세요.

고레또 고레오 오네가이시마스.

저도 같은 것으로 주세요.

와따시니모 오나지모노오 오네가이시마스.

저것과 같은 요리를 주세요.

아레또 오나지 료-리오 구다사이.

금방 되나요?

스구 데끼마스까?

다른 주문은 없으십니까?

호까니 고츄-몽와 고자이마스까?

식당

これとこれをお願いします。

私にも同じ物をお願いします。

あれと同じ料理をください。

すぐできますか。

ほかにご注文はございますか。

식사를 하면서

저, 여기요!

스미마셍!

이건 어떻게 먹으면 됩니까?

고레와 도-얏떼 다베따라 이-데스까?

물 한 잔 주세요.

미즈오 입빠이 구다사이

어떠십니까?

이까가데스까?

이거 맛있는데요!

고레와 오이시-데스.

식당

すみません!

これはどうやって食べたら いいですか。

水を一杯ください。

いかがですか。

これはおいしいです。

식사를 마칠 때

디저트를 주세요.

데자-또오 구다사이.

디저트는 뭐가 있나요?

데자-또와 나니가 아리마스까?

〈디저트를 권할 때〉 **아뇨, 됐습니다.**

이-에, 겍꼬-데스.

이걸 치워주세요.

고레오 사게떼 구다사이.

담배를 피워도 될까요?

다바꼬오 슷떼모 이-데스까?

식당

デザートをください。

デザートは何 がありますか。

いいえ、結構です。

これを下げてください。

タバコを吸ってもいいですか。

술집

어떤 맥주가 있나요?

돈나 비-루가 아리마스까?

건배!

감빠이!

한 잔 더 주세요.

모- 입빠이 구다사이.

한 병 더 주세요.

모- 입뽕 오까와리 구다사이.

제가 사겠습니다.

와따시니 오고라세떼 구다사이.

식당

どんなビールがありますか。

乾杯（かんぱい）！

もう一杯（いっぱい）ください。

もう一本（いっぽん）おかわりください。

私（わたし）におごらせてください。

식당에서의 트러블

이건 주문을 안 했는데요.

고레와 츄-몬시떼 이마셍가.

주문한 게 아직 안 나왔는데요.

츄-몬시따 모노가 마다 고나이노 데스가.

이 요리를 데워 주세요.

고노 료-리오 아따따메떼 구다사이.

요리가 덜 된 것 같은데요.

촛또 히가 도옷떼 이나이 요-데스가.

너무 많아서 먹을 수 없네요.

촛또 오-스기떼 다베라레마셍.

식당

これは注文していませんが。

注文したものがまだ来ないのですが。

この料理を温めてください。

ちょっと火が通っていないようですが。

ちょっと多すぎて食べられません。

식비 계산

어디서 지불하나요?

도꼬데 하라우노데스까?

따로따로 지불하고 싶은데요.

베쯔베쯔니 시하라이오 시따이노데스가.

제가 한꺼번에 낼게요.

와따시가 마또메떼 하라이마스.

제 몫은 얼마인가요?

와따시노 붕와 이꾸라데스까?

테이블에서 지불할 수 있나요?

테-부루데 시하라이 데끼마스까?

식당

どこで払うのですか。

別々に支払いをしたいのですが。

私がまとめて払います。

私の分はいくらですか。

テーブルで支払いできますか。

> **카운터**

계산해 주세요.

오깐죠- 오네가이시마스.

전부해서 얼마인가요?

젬부데 오이꾸라데스까?

봉사료는 포함되어 있나요?

사-비스료-와 하잇떼 이마스까?

이 요금은 뭔가요?

고노 료-낑와 난데스까?

계산이 틀린 것 같은데요.

게-상가 치갓떼이루 요-데스.

식당

お勘定お願いします。

全部でおいくらですか。

サービス料は入っていますか。

この料金は何ですか。

計算が違っているようです。

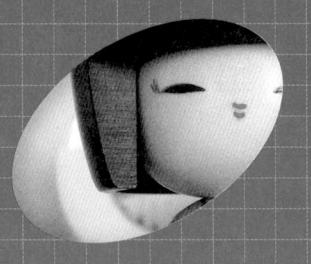

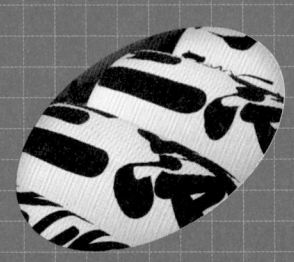

교통

Part 4

길을 물을 때

실례합니다!

스미마셍!

〈지도를 가리키며〉 여기는 어딘가요?

고꼬와 도꼬데스까?

박물관은 어디에 있나요?

하꾸부쯔강와 도꼬니 아리마스까?

여기는 무슨 거리입니까?

고꼬와 난또이우 도-리데스까?

역으로 가는 길을 가르쳐 주세요.

에끼마데노 미찌오 오시에떼 구다사이.

 교통

すみません!

ここはどこですか。

博物館(はくぶつかん)はどこにありますか。

ここは何(なん)という通(とお)りですか。

駅(えき)までの道(みち)を教(おし)えてください。

길을 물을 때

걸어서 몇 분 걸리나요?

아루이떼 남뿡 가까리마스까?

여기에서 가깝나요?

고꼬까라 치까이노데스까?

거기까지 걸어서 갈 수 있나요?

소꼬마데 아루이떼 이께마스까?

곧장 가십시오.

맛스구니 잇떼 구다사이.

얼마나 걸리나요?

도노쿠라이 가까리마스까?

교통

歩いて何分かかりますか。

ここから近いのですか。

そこまで歩いて行けますか。

まっすぐに行ってください。

どのくらいかかりますか。

길을 잃었을 때

길을 잃었습니다.

미찌니 마욧떼 시마이마시다.

가장 가까운 전철역은 어디에 있습니까?

모요리노 덴샤노 에끼와
  도꼬데스까?

어디 가세요?

도꼬니 이꾸노데스까?

이 길이 아닌가요?

고노 미찌와 치가우노데스까?

친절을 베풀어 주셔서 감사합니다.

고신세쯔니 아리가또-
  고자이마시다

 교통

道に迷ってしまいました。

最寄りの電車の駅は
　どこですか。

どこに行くのですか。

この道は違うのですか。

ご親切にありがとう
　ございました。

택시

어디서 택시를 탈 수 있나요?

도꼬데 타꾸시-니 노레마스까?

택시!

타꾸시-!

우리 모두 탈 수 있나요?

와따시다찌와 젠인 노레마스까?

트렁크를 열어 주세요.

토랑꾸오 아께떼 구다사이.

이리 가 주세요.

고꼬에 잇떼 구다사이.

 교통

どこでタクシーに乗れますか。

タクシー！

私たちは全員乗れますか。

トランクを開けてください。

ここへ行ってください。

> 택시

서둘러 주시겠어요?
이소이데 이따다께마스까?

가장 가까운 길로 가세요.
이찌반 치까이 미찌데 하싯떼 구다사이.

여기서 세워 주세요.
고꼬데 도메떼 구다사이.

여기서 기다려 주시겠어요?
고꼬데 맛떼 모라에마셍까?

얼마예요?
오이꾸라데스까?

 교통

急(いそ)いでいただけますか。

いちばん近(ちか)い道(みち)で走(はし)ってください。

ここで止(と)めてください。

ここで待(ま)ってもらえませんか。

おいくらですか。

시내버스

어디서 버스 노선도를 얻을 수 있나요?

도꼬데 바스노 로센즈오
 모라에마스까?

표는 어디서 살 수 있나요?

깁뿌와 도꼬데 가에마스까?

어느 버스를 타면 되나요?

도노 바스니 노레바 이-데스까?

갈아타야 하나요?

노리까에나께레바 나리마셍까?

여기서 내려요.

고꼬데 오리마스.

교통

どこでバスの路線図をもらえますか。

切符はどこで買えますか。

どのバスに乗ればいいですか。

乗り換えなければなりませんか。

ここで降ります。

시외버스

버스 터미널은 어디에 있나요?

바스타-미나루와 도꼬니
 아리마스까?

매표소는 어디에 있습니까?

치켓또 우리바와 도꼬데스까?

돌아오는 버스는 어디서 탑니까?

가에리노 바스와 도꼬까라
 노루노데스까?

거기에 가는 직행버스는 있나요?

소꼬에 이꾸 쵸꾸쓰-바스와
 아리마스까?

도착하면 알려 주세요.

쓰이따라 오시에떼 구다사이.

 교통

バスターミナルはどこにありますか。

チケット売り場はどこですか。

帰りのバスはどこから乗るのですか。

そこへ行く直通バスはありますか。

着いたら教えてください。

관광버스

여기서 예약할 수 있나요?

고꼬데 요야꾸 데끼마스까?

버스는 어디서 기다리나요?

바스와 도꼬데 맛떼이떼
구레루노데스까?

몇 시에 돌아오나요?

난지니 모돗떼 구루노데스까?

투어는 몇 시에 어디서 시작되나요?

쓰아-와 난지니 도꼬까라
하지마리마스까?

호텔까지 데리러 오나요?

호떼루마데 무까에니 기떼
구레루노데스까?

교통

ここで予約できますか。

バスはどこで待っていて
くれるのですか。

何時に戻ってくるのですか。

ツアーは何時にどこから
始まりますか。

ホテルまで迎えに来てくれるの
ですか。

지하철·전철

지하철(전철) 노선도를 주세요.

치카떼쯔(덴샤)노 로센즈오 구다사이.

이 근처에 지하철(전철) 역은 없나요?

고노 치까꾸니 치까떼즈(덴샤)노 에끼와 아리마셍까?

표는 어디서 사나요?

깁뿌와 도꼬데 가에마스까?

자동매표기는 어디에 있나요?

깁뿌함바이끼와 도꼬데스까?

어디서 갈아탑니까?

도꼬데 노리까에루노데스까?

 교통

地下鉄(電車)の路線図をください。

この近くに地下鉄(電車)の駅はありませんか。

切符はどこで買えますか。

切符販売機はどこですか。

どこで乗り換えるのですか。

> **기차**

매표소는 어디에 있습니까?

깁뿌우리바와 도꼬데스까?

예약 창구는 어디입니까?

요야꾸노 마도구찌와 도꼬데스까?

더 이른 열차는 있습니까?

못또 하야이 렛샤와 아리마스까?

더 늦은 열차는 있습니까?

못또 오소이 렛샤와 아리마스까?

급행열차입니까?

큐-꼬-렛샤데스까?

교통

切符売り場はどこですか。

予約の窓口はどこですか。

もっと早い列車はありますか。

もっと遅い列車はありますか。

急行列車ですか。

> 기차

어디서 갈아탑니까?

도꼬테 노리까에루노데스까?

신칸센 홈은 어디입니까?

신칸센노 호-무와 도꼬데스까?

〈표를 보여주며〉 이 열차 맞습니까?

고노 렛샤데 이-노데스까?

중도에 내릴 수 있나요?

도쮸-게샤와 데끼마스까?

이 열차는 예정대로 출발합니까?

고노 렛샤와 요떼- 도-리데스까?

교통

どこで乗り換えるのですか。

新幹線のホームはどこですか。

この列車でいいのですか。

途中下車はできますか。

この列車は予定どおりですか。

> 기차

거기는 제 자리인데요.

소꼬와 와따시노 세끼데스.

이 자리는 비어 있나요?

고노 세끼와 아이떼 이마스까?

식당차는 어디예요?

쇼꾸도-샤와 도꼬데스까?

표를 잃어버렸는데요.

집뿌오 나꾸시마시다.

내릴 역을 지나쳤어요.

노리꼬시떼 시마이마시다.

교통

そこは私の席です。

この席は空いていますか。

食堂車はどこですか。

切符をなくしました。

乗り越してしまいました。

비행기

비행기 예약을 부탁합니다.

후라이또노 요야꾸오 오네가이 시마스.

지금 체크인할 수 있나요?

이마 첵꾸인 데끼마스까?

몇 번 출구로 가면 되나요?

남반게-또니 이께바 이-노데스까?

이 짐을 맡길게요.

고노 니모쯔오 아즈께마스.

탑승이 시작되었나요?

토-죠-와 하지맛떼 이마스까?

 교통

フライトの予約をお願いします。

今チェックインできますか。

何番ゲートに行けばいいのですか。

この荷物を預けます。

搭乗は始まっていますか。

렌터카

렌터카 카운터는 어디에 있나요?

렌따카-노 카운따-와 도꼬데스까?

어느 정도 운전할 예정이세요?

도노쿠라이 도라이부스루 요떼-데스까?

이것이 제 국제운전면허증입니다.

고레가 와따시노 고꾸사이 운뗌 멩꾜쇼-데스.

어떤 차가 있나요?

돈나 구루마가 아리마스까?

종합보험을 들어 주세요.

소-고-호껭오 가께떼 구다사이.

 교통

レンタカーのカウンターはどこですか。

どのくらいドライブする予定ですか。

これが私の国際運転免許証です。

どんな車がありますか。

総合保険をかけてください。

렌터카

도로지도를 주시겠습니까?

도-로치즈오 이따다께마스까?

가장 가까운 교차로는 어디입니까?

이찌반 치까이 코-사뗑와 도꼬데스까?

이 근처에 주유소가 있습니까?

고노 치까꾸니 가소린스딴도와 아리마스까?

가득 넣어 주세요.

만딴니 시떼 구다사이.

여기에 주차해도 됩니까?

고꼬니 구루마오 츄-샤시떼모 이-데스까?

 교통

道路地図をいただけますか。

いちばん近い交差点はどこですか。

この近くにガソリンスタンドはありますか。

満タンにしてください。

ここに車を駐車してもいいですか。

렌터카

배터리가 떨어졌습니다.

밧떼리-가 아갓떼 시마이마시다.

펑크가 났습니다.

팡꾸시마시다.

시동이 걸리지 않습니다.

엔징가 가까라나인데스.

수리할 수 있나요?

슈-리 데끼마스까?

차를 돌려드리겠습니다.

구루마오 가에시마스.

 교통

バッテリーがあがってしまいました。

パンクしました。

エンジンがかからないんです。

修理できますか。

車を返します。

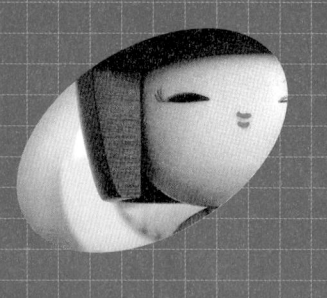

관광

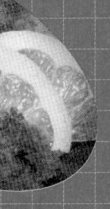

Part
5

관광안내소

관광안내소는 어디에 있나요?

캉꼬-안나이쇼와 도꼬데스까?

관광지도를 주세요.

캉꼬-치즈오 구다사이.

당일치기로는 어디에 갈 수 있나요?

히가에리데와 도꼬에 이께마스까?

여기서 표를 살 수 있나요?

고꼬데 깁뿌가 가에마스까?

할인 티켓은 있나요?

와리비끼 치껫또와 아리마스까?

관광

観光案内所はどこですか。

観光地図をください。

日帰りではどこへ行けますか。

ここで切符が買えますか。

割引チケットはありますか。

관광안내소

경치가 좋은 곳을 아십니까?

케시끼가 이- 도꼬로오 고존지
데스까?

젊은 사람들이 가는 곳은 어딘가요?

와까이 히또노 이꾸 도꼬로와
도꼬데스까?

거기에 가려면 투어에 참가해야 하나요?

소꼬에 이꾸니와 쓰아-니 상까
시나꾸떼와 나리마셍까?

유람선은 있나요?

유-란셍와 아리마스까?

여기서 예약할 수 있나요?

고꼬데 요야꾸 데끼마스까?

관광

景色がいい所をご存じですか。

若い人の行く所はどこですか。

そこへ行くにはツアーに参加しなくてはなりませんか。

遊覧船はありますか。

ここで予約できますか。

투어

어떤 투어가 있나요?

돈나 쓰아-가 아룬데스까?

관광버스 투어는 있나요?

강꼬-바스 쓰아와 아리마스까?

오늘 투어에 참가할 수 있나요?

쿄-노 쓰아니 상까 데끼마스까?

반나절 투어는 있나요?

한니찌노 쓰아와 아리마스까?

무엇을 타고 가나요?

나니니 놋떼 이꾸노데스까?

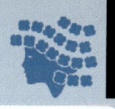 관광

どんなツアーがあるんですか。

観光バスツアーはありますか。

今日のツアー参加できますか。

半日のツアーはありますか。

何に乗って行くのですか。

> 투어

투어 요금은 얼마인가요?

쓰아-노 료-낑와 이꾸라데스까?

출발은 몇 시인가요?

슙빠쯔와 난지데스까?

어디서 떠납니까?

도꼬까라 데마스까?

몇 시에 돌아오나요?

난지 모도리니 나리마스까?

그 투어는 자유시간이 있나요?

소노 쓰아-니 지유-지깡와 아리마스까?

 관광

ツアーの料金はいくらですか。

出発は何時ですか。

どこから出ますか。

何時戻りになりますか。

そのツアーに自由時間はありますか。

관광지

저것은 뭔가요?

아레와 난데스카?

여기서 얼마나 머뭅니까?

고꼬데 도노쿠라이 도마리마스까?

시간은 어느 정도 있나요?

지깡와 도노쿠라이 아리마스까?

저 건물은 무엇인가요?

아노 다떼모노와 난데스까?

기념품 가게는 어디에 있나요?

오미야게미세와 도꼬데스까?

 관광

あれは何ですか。

ここでどのくらい止まりますか。

時間はどのくらいありますか。

あの建物は何ですか。

おみやげ店はどこですか。

관람

티켓은 어디서 삽니까?

치켓또와 도꼬데 가에마스까?

입장료는 얼마입니까?

뉴-죠-료-와 이꾸라데스까?

단체할인은 있나요?

단따이 와리비끼와 아리마스까?

이 티켓으로 모든 전시를 볼 수 있나요?

고노 치켓또데 스베떼노 덴지가 미라레마스까?

무료 팸플릿은 있나요?

무료-노 팡후렛또와 아리마스까?

 관광

チケットはどこで買えますか。

入場料はいくらですか。

団体割引はありますか。

このチケットですべての展示が見られますか。

無料のパンフレットはありますか。

관람

짐을 맡아 주세요.

니모쯔오 아즈깟떼 구다사이

그 박물관은 오늘 엽니까?

소노 하꾸부쯔깡와 쿄- 아이떼 이마스까?

재입관할 수 있나요?

사이뉴-깐 데끼마스까?

출구는 어디입니까?

데구찌와 도꼬데스까?

화장실은 어디입니까?

토이레와 도꼬데스까?

관광

荷物を預かってください。

その博物館は今日開いていますか。

再入館できますか。

出口はどこですか。

トイレはどこですか。

사진

여기서 사진을 찍어도 됩니까?

고꼬데 샤싱오 돗떼모 이-데스까?

여기서 플래시를 터뜨려도 됩니까?

고꼬데 후랏슈오 다이떼모
이-데스까?

비디오 촬영을 해도 됩니까?

비테오 사쯔에- 시떼모 이-데스까?

제 사진 좀 찍어 주시겠어요?

와따시노 샤싱오 돗떼
모라에마셍까?

함께 사진을 찍으시겠습니까?

잇쇼니 샤싱오 돗떼 모라에마셍까?

 관광

ここで写真を撮っても
いいですか。

ここでフラッシュをたいても
いいですか。

ビデオ撮影してもいいですか。

私の写真を撮って
もらえませんか。

一緒に写真を撮って
もらえませんか。

유흥

좋은 나이트클럽은 있나요?

이- 나이또쿠라부와 아리마스까?

이건 무슨 쇼입니까?

고레와 돈나 쇼-데스까?

무대 근처 자리로 주시겠어요?

부따이노 치까꾸노 세끼오 구다사이마셍까?

노래방은 있나요?

카라오께 복꾸스와 아리마스까?

함께 춤추시겠어요?

잇쇼니 오도리마셍까?

관광

いいナイトクラブは
　ありますか。

これはどんなショーですか。

舞台の近くの席を
　くださいませんか。

カラオケボックスはありますか。

一緒に踊りませんか。

골프 · 스키

골프를 하고 싶은데요.

고루후오 시따이노데스가.

골프 예약을 부탁합니다.

고루후노 요야꾸오 오네가이 시마스.

오늘 플레이할 수 있습니까?

쿄-, 푸레- 데끼마스까?

스키를 타고 싶은데요.

스끼-오 시따이노데스가.

스키용품은 어디서 빌릴 수 있나요?

스끼- 요-구와 도꼬데 가리루 고또가 데끼마스까?

관광

ゴルフをしたいのですが。

ゴルフの予約をお願いします。

今日、プレーできますか。

スキーをしたいのですが。

スキー用具はどこで借りることができますか。

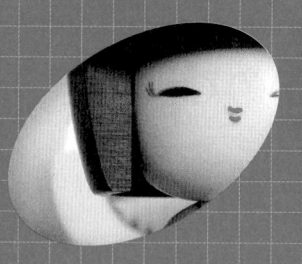

쇼핑

Part 6

가게를 찾을 때

쇼핑센터는 어디에 있나요?

숍핑구 센따—와 도꼬니 아리마스까?

쇼핑을 가려는데 어느 주변이 좋나요?

가이모노니 이꾸니와 도노 아따리가 이—데스까?

여행선물은 어디서 살 수 있습니까?

오미야게와 도꼬데 가에마스까?

면세점은 있나요?

멘제—뗑와 아리마스까?

이 주변에 백화점은 있습니까?

고노 아따리니 데빠—또와 아리마스까?

쇼핑

ショッピングセンターはどこにありますか。

買(か)い物(もの)に行(い)くにはどのあたりがいいですか。

お土産(みやげ)はどこで買(か)えますか。

免税店(めんぜいてん)はありますか。

この辺(あた)りにデパートはありますか。

가게를 찾을 때

편의점을 찾고 있습니다.

콤비니오 사가시떼 이마스.

세일은 어디서 하나요?

바-겡와 도꼬데 얏떼 이마스까?

이 주변에 할인점은 있나요?

고노 아따리니 디스카운또숍뿌와 아리마스까?

그건 어디서 살 수 있나요?

소레와 도꼬데 가에마스까?

몇 시까지 하나요?

난지마데 아이떼 이마스까?

쇼핑

コンビニを探しています。

バーゲンはどこでやっていますか。

この辺りにディスカウントショップはありますか。

それはどこで買えますか。

何時まで開いていますか。

물건을 찾을 때

무얼 찾으십니까?

나니까 오사가시데스까?

그냥 보고 있어요.

미떼이루 다께데스.

여기 잠깐만요?

쫏또 요로시-데스까?

저걸 보여 주세요.

아레오 미세떼 구다사이.

이것뿐인가요?

고레다께데스까?

쇼핑

何かお探しですか。

見ているだけです。

ちょっとよろしいですか。

あれを見せてください。

これだけですか。

물건을 고를 때

그걸 봐도 될까요?

소레오 미떼모 이-데스까?

몇 가지 보여 주세요.

이꾸쓰까 미세떼 구다사이.

다른 것을 보여 주시겠어요?

베쯔노 모노오 미세떼 이따다께 마스까?

이것과 똑 같은 건 없나요?

고레또 오나지 모노와 아리마셍까?

잠깐 다른 것을 볼게요.

촛또 호까노 모노오 미떼미마스.

쇼핑

それを見てもいいですか。

いくつか見せてください。

別のものを見せていただけますか。

これと同じものはありませんか。

ちょっと他のものを見てみます。

색상

무슨 색이 있나요?

나니이로가 아리마스까?

더 짙은 색이 좋겠는데요.

못또 코이 이로가 이인데스가.

더 밝은 색은 없나요?

못또 아까루이 이로와 아리마셍까?

더 수수한 것은 없나요?

못또 지미나노와 아리마스까

이것과 다른 색은 있나요?

고레노 이로치가이와 아리마스까?

쇼핑

何色がありますか。

もっと濃い色がいいんですが。

もっと明るい色はありませんか。

もっと地味なのはありますか。

これの色違いはありますか。

디자인

다른 스타일은 있나요?

호까노 가따와 아리마스까?

어떤 디자인이 유행하고 있습니까?

돈나 데자인가 류-꼬-시떼 이마스까?

이런 디자인은 안 좋아해요.

고노 데자잉와 스끼데와 아리마셍.

다른 디자인은 없나요?

호까노 데자잉와 아리마셍까?

디자인이 비슷한 것은 없나요?

데자잉가 니떼이루 모노와 아리마셍까?

쇼핑

ほかの型はありますか。

どんなデザインが流行していますか。

このデザインは好きではありません。

他のデザインはありませんか。

デザインが似ているものはありませんか。

사이즈

어떤 사이즈를 찾으십니까?

도노 사이즈오 오사가시데스까?

사이즈는 이것뿐인가요?

사이즈와 고레다께데스까?

사이즈를 재주시겠어요?

사이즈오 하깟떼 이따다께마스까?

내 사이즈를 잘 모르겠는데요.

지분노 사이즈가 와카라나노 데스가.

더 작은 것은 있나요?

못또 치-사이노와 아리마스까?

쇼핑

どのサイズをお探しですか。

サイズはこれだけですか。

サイズを測って
　いただけますか。

自分のサイズがわからない
　のですが。

もっと小さいのはありますか。

사이즈

어걸 시착해도 될까요?

고레오 시쨔꾸시떼모 이–데스까?

만져 봐도 되나요?

사왓떼 미떼모 이–데스까?

피팅룸은 어딘가요?

시쨔꾸시쯔와 도꼬데스까?

사이즈는 어떤가요?

사이즈와 이까가데스까?

어울리나요?

니아이마스까?

 쇼핑

これを試着してもいいですか。

触ってみてもいいですか。

試着室はどこですか。

サイズはいかがですか。

似合いますか。

사이즈

사이즈가 안 맞아요.

사이즈가 아와나인데스.

딱 맞아요.

핏따리데스.

좀 크네요.

춋또 오-끼스기마스.

여기가 꼭 끼이네요.

고노 아따리가 기쯔스기마스.

너무 길어요.

나가스기마스.

쇼핑

サイズが合わないんです。

ぴったりです。

ちょっと大きすぎます。

このあたりがきつすぎます。

長すぎます。

품질

재질은 무엇인가요?

자이시쯔와 난데스까?

질은 괜찮나요?

시쯔와 이-데스까?

더 품질이 좋은 것은 없나요?

못또 시쯔노 이-노와 아리마셍까?

이건 수제인가요?

고레와 한도메이도데스까?

손질은 어떻게 하면 되나요?

오떼이레와 도- 스레바 이-데스까?

쇼핑

材質は何ですか。

質はいいですか。

もっと質のいいのは
　ありませんか。

これはハンドメイドですか。

お手入れはどうすれば
　いいですか。

품질

사용법을 알려 주시겠어요?

쓰까이카따오 오시에떼 구레마스까?

이것은 어느 브랜드입니까?

고레와 도노 부란도데스까?

신상품은 어느 것입니까?

신쇼-힝와 도레데스까?

이건 신상인가요, 아니면 중고인가요?

고레와 심삔데스까, 소레또모 츄-꼬데스까?

이건 일본제품인가요?

고레와 니혼세-데스까?

쇼핑

使い方を教えてくれますか。

これはどのブランドですか。

新商品はどれですか。

これは新品ですか、
　　それとも中古ですか。

これは日本製ですか。

면세점

면세점은 어디에 있나요?

멘제-뗑와 도꼬니 아리마스까?

얼마까지 면세가 되나요?

이꾸라마데 멘제-니 나리마스까?

어느 브랜드가 좋겠습니까?

도노 메-가라가 이-데스까?

이 가게에서는 면세로 살 수 있나요?

고노 미세데와 멘제-데 가우 고또가 데끼마스까?

여권을 보여 주십시오.

파스뽀-또오 하이껜 시마스.

쇼핑

免税店はどこにありますか。

いくらまで免税になりますか。

どの銘柄がいいですか。

この店では免税で買うことができますか。

パスポートを拝見します。

계산

계산은 어디서 하나요?

카이께-와 도찌라데스까?

전부해서 얼마나 되나요?

젬부데 이꾸라니 나리마스까?

얼마입니까?

이꾸라데스까?

이건 세일 중입니까?

고레와 세-루쮸-데스까?

세금이 포함된 가격입니까?

제이낑와 후꾸마레따 가꾸데스까?

쇼핑

かいけい
会計はどちらですか。

ぜんぶ
全部でいくらになりますか。

いくらですか。

ちゅう
これはセール中ですか。

ぜいきん　ふく　　　がく
税金は含まれた額ですか。

흥정

너무 비싸요.

다까스기마스.

더 싼 것은 없나요?

못또 야스이 모노와 아리마셍까?

깎아 줄래요?

마께떼 구레마스까?

더 싸게 해 주실래요?

못또 야스꾸시떼 구레마셍까?

깎아주면 살게요.

마께떼 구레따라 가이마스.

쇼핑

高(たか)すぎます。

もっと安(やす)い物(もの)はありませんか。

負(ま)けてくれますか。

もっと安(やす)くしてくれませんか。

負(ま)けてくれたら買(か)います。

지불방법

이걸로 할게요.

고레니 시마스.

지불은 어떻게 하시겠습니까?

오시하라이와 도- 나사이마스까?

카드도 되나요?

카-도데 시하라이 데끼마스까?

여행자수표도 받나요?

토라베라-즈 첵꾸데 시하라이 데끼마스까?

영수증을 주시겠어요?

료-슈-쇼오 이따다께마스까?

쇼핑

これにします。

お支払いはどうなさいますか。

カードで支払いできますか。

トラベラーズチェックで支払いできますか。

領収書をいただけますか。

포장·배송

이걸 선물용으로 포장해 주시겠어요?

고레오 기후또요-니 쓰쓴데
모라에마스까?

따로따로 포장해 주세요.

베쓰베쓰니 쓰쓴데 구다사이.

이거 넣을 박스 좀 주시겠어요?

고레오 이레루 복꾸스오
이따다께마스까?

언제 배달해 주시겠습니까?

이쯔 도도께떼 모라에마스까?

이 호텔로 보내 주세요.

고노 호테루니 오꿋떼 구다사이.

쇼핑

これをギフト用に包んでもらえますか。

別々に包んでください。

これを入れるボックスをいただけますか。

いつ届けてもらえますか。

このホテルに送ってください。

반품·환불

여기에 얼룩이 있습니다.

고꼬니 시미가 쓰이떼 이마스.

깨졌어요.

고와레떼 이마스.

여기에 흠집이 있어요.

고꼬니 기즈가 아리마스.

샀을 때는 몰랐어요.

갓따 토끼니와 키가 쓰끼마셴데시다.

새것으로 바꿔 주세요.

아따라시- 모노또 또리까에떼 구다사이.

쇼핑

ここにシミが付いています。

壊れています。

ここに傷があります。

買ったときには気がつきませんでした。

新しいものと取り替えてください。

반품 · 환불

반품하고 싶은데요.

헨삔시따이노데스가.

아직 쓰지 않았습니다.

마다 쓰갓떼 이마셍.

가짜가 하나 섞여 있었습니다.

니세모노가 히또쯔 마잣떼 이마시다.

산 물건하고 다릅니다.

갓따 모노또 치가이마스.

환불해 주시겠어요?

헨낀시떼 모라에마스까?

쇼핑

返品したいのですが。

まだ使っていません。

偽物が一つ混ざっていました。

買ったものと違います。

返金してもらえますか。

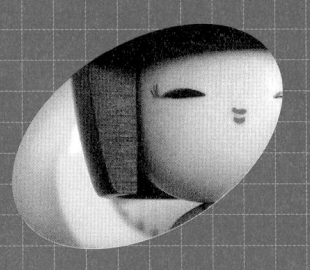

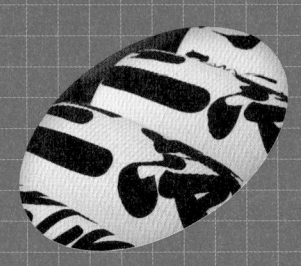

트러블

Part 7

일본어

일본어는 못해요.

니홍고와 하나세마셍.

좀 더 천천히 말씀해 주세요.

못또 육꾸리 하나시떼 구다사이.

그건 무슨 뜻인가요?

소레와 도-이우 이미데스까?

한국어를 하는 사람은 있습니까?

캉꼬꾸고노 하나세루 히또와 이마스까?

한국어판은 있습니까?

캉꼬꾸고항와 아리마스까?

 트러블

日本語は話せません。

もっとゆっくり話してください。

それはどういう意味ですか。

韓国語の話せる人はいますか。

韓国語版はありますか。

난처할 때

난처합니다.

고맛떼 이마스.

무슨 좋은 방법이 없을까요?

낭까 이- 호-호-와 나인데스까?

어떻게 하면 좋을까요?

도- 시따라 이-데쇼-까?

어떻게 해 주십시오.

난또까 시떼 구다사이.

화장실은 어디죠?

토이레와 도꼬데쇼-까?

트러블

困<ruby>こま</ruby>っています。

何<ruby>なん</ruby>かいい方法<ruby>ほうほう</ruby>はないんですか。

どうしたらいいでしょうか。

何<ruby>なん</ruby>とかしてください。

トイレはどこでしょうか。

위급한 상황

무엇을 원하세요?

나니가 호시인데스까?

알겠습니다. 다치게는 하지 마세요.

와까리마시다.
게가와 사세나이데 구다사이.

시키는 대로 할게요.

이우 토-리니 시마스.

뭐야?

나니모노다?

잠깐! 뭘 하는 겁니까?

춋또! 나니 시떼룬데스까?

트러블

何が欲しいんですか。

わかりました。怪我はさせないでください。

言うとおりにします。

何者だ?

ちょっと! 何してるんですか。

위급한 상황

그만 두세요.

야메떼 구다사이.

만지지 말아요!

사와라나이데!

저리 가!

앗찌에 이께!

다가서지 말아요!

치까즈까나이데!

경찰을 부르겠다!

게-사쯔오 요부조!

 트러블

やめてください。

触(さわ)らないで!

あっちへ行(い)け!

近(ちか)づかないで!

警察(けいさつ)を呼(よ)ぶぞ!

분실

분실물 취급소는 어디에 있나요?

이시쯔부쯔가까리와 도꼬데스까?

무엇을 잃어버렸습니까?

나니오 나꾸사레따노데스까?

여권을 잃어버렸습니다.

파스뽀-또오 나꾸시마시다.

전철 안에 지갑을 두고 내렸습니다.

덴샤노 나까니 사이후오
 와스레마시다.

어디서 잃어버렸는지 기억이 안 납니다.

도꼬데 나꾸시따까 오보에떼
 이마셍.

 트러블

遺失物係はどこですか。

何をなくされたのですか。

パスポートをなくしました。

電車の中に財布を忘れました。

どこでなくしたか覚えて
いません。

도난

멈춰! 도둑이야!

맛떼! 도로보-!

내놔!

가에시떼 구레!

저놈이 내 가방을 뺏어갔어요!

아이쓰가 와따시노 박구오 돗딴데스.

지갑을 도둑맞았어요!

사이후오 누스마레마시다.

방에 도둑이 들었어요.

헤야니 도로보-가 하이리마시다.

 트러블

待て! どろぼう!

返してくれ!

あいつが私のバッグを取ったんです!

財布を盗まれました!

部屋に泥棒が入りました。

교통사고

교통사고를 당했어요.

고-쓰-지꼬니 아이마시다.

구급차를 불러 주세요.

규-뀨-샤오 욘데 구다사이.

다친 사람이 있어요.

게가닝가 이마스.

렌터카 회사에 연락해 주세요.

렌따카- 가이샤니 렌라꾸시떼 구다사이.

제 탓이 아닙니다.

와따시노 세-데와 아리마셍.

 트러블

交通事故にあいました。

救急車を呼んでください。

ケガ人がいます。

レンタカー会社に連絡してください。

私のせいではありません。

병원

의사를 불러 주세요.

이샤오 욘데 구다사이.

의사에게 진찰을 받고 싶은데요.

오이샤산니 미떼 이따다끼따이 노데스가.

병원까지 데려다 주시겠어요?

뵤-인마데 쓰레떼 잇떼 이따다께마스까?

진료 예약을 하고 싶은데요.

신료-노 요야꾸오 도리따이노 데스가.

한국어를 아는 의사는 있나요?

캉꼬꾸고노 하나세루 이시와 이마스까?

트러블

医者を呼んでください。

お医者さんに診ていただきたいのですが。

病院まで連れて行っていただけますか。

診療の予約を取りたいのですが。

韓国語の話せる医師はいますか。

병원

몸이 안 좋습니다.

구아이가 와루인데스.

배가 몹시 아프네요.

오나까가 히도꾸 이따문데스..

구토가 납니다.

하키께가 스룬데스.

식욕이 없습니다.

쇼꾸요꾸가 나인데스.

몇 번 토했습니다.

낭까이가 하끼마시다.

트러블

具合が悪いんです。

おなかがひどく痛むんです。

吐き気がするんです。

食欲がないんです。

何回か吐きました。

> 병원

감기에 걸린 것 같습니다.

카제오 히이따 요-데스.

설사가 심합니다.

게리가 히도이노데스.

열이 있습니다.

네쯔가 아루노데스.

여기가 아픕니다.

고꼬가 이따이노데스.

다쳤습니다.

게가오 시마시다.

 트러블

風邪を引いたようです。

下痢がひどいのです。

熱があるのです。

ここが痛いのです。

怪我をしました。

약국

감기약을 주세요.

카제구스리오 구다사이.

밴드는 있나요?

반도에이도와 아리마스까?

두통에 잘 듣는 약은 있나요?

즈쓰-니 기꾸 모노와 아리마스까?

해열제를 주세요.

게네쯔자이오 구다사이.

이 처방전 약을 주세요.

고노 쇼호-센노 구스리오 구다사이.

 트러블

風邪薬をください。

バンドエイドはありますか。

頭痛にきくものはありますか。

解熱剤をください。

この処方せんの薬をください。

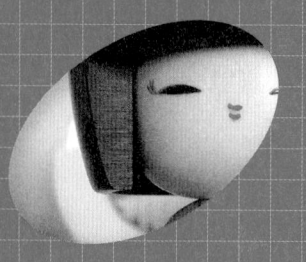

여행 스케줄

Date

구경거리	
즐길거리	
먹거리	
숙박	
경비	
기타	

여행 스케줄

Date

구경거리	
즐길거리	
먹거리	
숙박	
경비	
기타	

여행 스케줄

Date

구경거리	
즐길거리	
먹거리	
숙박	
경비	
기타	

여행 스케줄

Date

구경거리	
즐길거리	
먹거리	
숙박	
경비	
기타	

여행 스케줄

Date

구경거리	
즐길거리	
먹거리	
숙박	
경비	
기타	

여행 스케줄

Date

구경거리	
즐길거리	
먹거리	
숙박	
경비	
기타	

여행 스케줄

Date

구경거리

즐길거리

먹거리

숙박

경비

기타

여행 메모

여행 메모

여행 메모

여행 메모

여행 메모

여행 메모

여행 메모

여행 메모

여행 메모

여행 메모

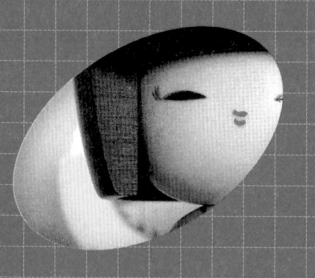

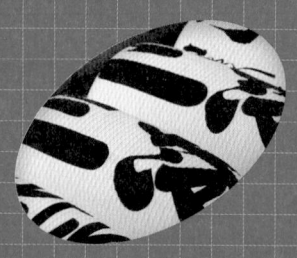